전쟁광 보호구역

국립중앙도서관 출판시도서목록(CIP)

전집팔 보호구역 : 반칠환 시집 / 지은이: 반칠환. -- 대전 : 지혜,
2012
  p. ;   cm

ISBN 978-89-97386-36-9 03810 : ₩10000

한국 현대시[韓國 現代詩]

811.62-KDC5
895.714-DDC21   CIP2012005513

지혜사랑 070

전쟁광 보호구역

반칠환

시인의 말

하늘은 얼마나 무거운지
영원히 떠받칠 쇠기둥은 없다

하늘은 얼마나 가벼운지
등짐 못 질 꽃대궁은 없다

병아리 등에도 삐약삐약
당나귀 등에도 툴레툴레

여든 할머니 마지막 봄 산책에도
하늘은 얹히어 간다

나는 시를 쓴 적이 없다

2012년 12월
반칠환

차례

시인의 말 —————— 5

1부

눈물의 국경일 —————— 12
전쟁광 보호구역 —————— 13
냄비보살 마하살 —————— 15
김밥천국, 라면지옥 —————— 17
오늘의 출석부 —————— 19
카사노바 숟가락 —————— 20
2009, 간이역에서 —————— 22
유모차와 할머니 —————— 24
어찌하여 —————— 25
제주기행 1 — 주상절리에서 —————— 26
제주기행 2 — 중섭이 묵던 방 —————— 28
아기 업은 소녀 — 박수근 1 —————— 29
기름장수 — 박수근 2 —————— 30
시장의 사람들 — 박수근 3 —————— 31
어린 왕자 1 —————— 32
어린 왕자 2 —————— 33
봄 —————— 34
하늘은 얼마나 —————— 35
오백 나한의 외출 —————— 37
도둑씨앗 —————— 39

꽃뱀의 독서 ——— 41
산사 개구리 음악회 ——— 42

2부

참새와 홍매 ——— 44
직박구리 ——— 45
멧토끼 양아들 ——— 46
장어 ——— 47
방생 전문 미꾸라지 ——— 48
자벌레 ——— 50
사마귀 ——— 52
위대한 메뚜기 ——— 53
달팽이 자서전 ——— 54
토룡부인傳 ——— 56
먹은 죄 ——— 57
꽃뱀의 목에 꽃무늬를 두르는 시간 ——— 58
새와 그림자 ——— 59
송사리 ——— 61
여생 ——— 62
까치집 ——— 63

궁둥이도 노루다	64
영농후계자 백로	66
봄꽃의 주소	67
별꽃	69
좀딱취	70
쥐똥나무	71
담쟁이덩굴	73
주산지 왕버들	74
물양귀비	75
은행나무 부부	77
꽃 마렵다	78

3부

봄, 춤	80
입춘	81
목련 전파사	82
평화	84
무논의 받아쓰기	85
대리 출석	86
달 낙관	87
나름	88

구두와 고양이 ——————— 89
허공 ————————————— 90
바람 ————————————— 91
세계관 ———————————— 92
낙엽 ————————————— 93
속눈썹 ———————————— 94
입원 ————————————— 95
상강 ————————————— 96
유기견들 ——————————— 97
광합성 혓바닥 ————————— 98
눈사람 다비식 ————————— 100
내가 죽어 나를 볼 때 ——————— 102
외로움이 구원할 거야 ——————— 103
신공무도하가 ————————— 105
혼돈이 산다 —————————— 107
적멸의 거처 — 오대산 상원사 적멸보궁에서 — 109
재활용 당신 —————————— 110
끼워 넣은 시 —————————— 111
시 ——————————————— 112

해설
전쟁광놀이굿 ————————— 114
하찮아 보이는 일상에서 번뜩이는 깨달음을 건져 올리는 시인 125

1부

눈물의 국경일

 세상 모든 생명들이 한날 한시 일제히 울어 버리는 국경일 하나 갖고 싶다 뎅뎅- 종소리 울리면 토끼를 잡아채던 범도 구슬 같은 눈물 뚝뚝 흘리고, 가슴 철렁하던 토끼도 범의 앞가슴을 두드리며 울고, 포탄을 쏘던 병사의 눈물에 화약이 젖고, 겁먹은 난민도 맘놓고 울어 버리고, 부자는 돈 세다 울고 빈자는 밥 먹다 울고, 가로수들도 잔잔히 이파리 흔들며 눈물 떨구는, 세상 생명들 다시 노여워지려면 꼭 일 년이 걸리는 그런 슬픈 국경일 하나 갖고 싶다

전쟁광 보호구역

전쟁광 보호구역이 하나 있었으면 좋겠다
하루 종일 전쟁놀음에 미쳐 진흙으로 대포를 만들고
도토리로 대포알을 만드는 전쟁광들이 사는 마을
줄줄이 새끼줄에 묶인 흙인형 포로들을
자동콩소총으로 쏘아 진흙밭에 빠트리면 무참히 녹아 사라지고
다시 그 흙으로 빚은 전투기들이
우타타타 해바라기씨 폭탄을 투하하고
민들레, 박주가리 낙하산 부대를 침투시키면 온 마을이
어쩔 수 없이 노랗게 꽃피는 전쟁터
논두렁 밭두렁마다 줄 맞춰 매설한 콩깍지 지뢰들이 픽픽 터지고
철모르는 아이들이 콩알을 줍다가 미끄러지는 곳
아서라, 맨발로 달려간 할미꽃들이 백기를 들면
흐뭇한 얼굴로 흙전차를 타고 시가행진을 하는

무서운 전쟁광들이 서너 너댓 명 사는,
작은 전쟁광 보호구역이 하나쯤 있었으면 좋겠다

냄비보살 마하살

 허름한 시골 함바 집 나무식탁 위 처억 이름 모를 냄비가 앉았다 간 검은 궁둥이 자국을 본다 손으로 쓸어보지만 검댕은 묻어나지 않는다 아무리 바쁘고 속이 타도 궁둥 걸음밖에 할 수 없었을 어떤 아낙의 모습 선연하다 눈물 나게 뜨거워 달아났다가도 가슴 시리면 다시 그 불판 그리워 엉덩이부터 들이댔을 서러운 조강지처 평생 끓이느니 제 속이요, 쏟느니 제 창자였을 저 아낙의 팔자는 어느 사주에 적혀 있던 걸까 팔만사천 번 찌개를 끓였어도 죄다 남의 입에 떠 넣고 빈 입만 덩그라니 웃었으리라 번쩍번쩍 윤이 나던 시절도 있긴 있었을라 귀가 떨어져도, 옆구리가 찌그러져도, 발에 채여도 한사코 뜨거운 국물을 내밀었으리라 어쩌면 더 이상 뜨거운 국물도 담을 수 없는 개밥 그릇이 되었을라 개밥이 말끔히 비면 한 줄금 맑은 소낙비를 가슴에 담았다가 창공을 운행하는 달과 별과 철새의 모습을 비추어도 보았을라 어쩌면 이제 개밥 공양도 마치고 어느 고물장수를 따라가 주물공장에서 다비식을 치렀을지도 모를 일 함바 집 아낙이 새 냄비를 내어온다 검은 궁둥 자국의 후취가 분명하다 반짝반짝 노란 웃음 빛나는 새댁이 수줍게 검은 궁둥 자국 위에 포개어 앉는다 나는 문득 그 새댁의 앞날이 서글퍼 신문을 개어 만든 방석 위에 앉힌다 허름한 시골 함바 집 나무식탁 위 처억 이름 모를 냄비가 앉았다 간 검은 궁둥이 자국을 본다 손으로 쓸어보지만 검댕은 묻어나지 않는다

김밥천국, 라면지옥

시속 물정 모르는 스님 하나
김밥천국 들어오신다

원야김치 참누모 ? 이 뭣고 ?
조채치즈 치드듬 ? 이 뭣고 ?
김김김김 김김김 ? 이 뭣고 ?
밥밥밥밥 밥밥밥 ? 이 뭣고 ?

1 1 2 2 2 2 2 ? 이 뭣고 ?
0 5 0 0 0 0 8 ? 이 뭣고 ?
0 0 0 0 0 0 0 ? 이 뭣고 ?
0 0 0 0 0 0 0 ? 이 뭣고 ?

어려운 천칠백 공안 다 풀어봤지만
저잣거리 분식집 이 난해한
칠언절구와 난수표, 다 뭣고?

세로쓰기를 가로로 읽으며
이 뭣고? 거듭하다 몰록 깨달아
법열에 겨워 소리친다

'보살님? 떡라면에 원조김밥 추가!'

터진 옆구리
라면 가닥 같은 골목길
김밥천국 유리창에 나부낀다
'삶은 계란'도 있어요

오늘의 출석부

 당집 딸 무당거미, 상여집 아들 염낭거미, 돌다리 옆 깡충거미, 창틀에 모시나방, 나왕 책상 칼금 재는 푸른자나방, 검정개미 다섯 마리, 깨진 창 틈 실바람, 없는 영희, 없는 철수 다 모였구나 착하기도 하지 떠드는 아이 하나 없이 자습하네 담쟁이 귀도 창 너머 기울이네 거미새끼처럼 풍기어 간 아이들아, 이 달의 솜씨란에는 아직도 그림이 남아 펄럭이누나

카사노바 숟가락

마을회관 고무다라
알감자 속살 벗기며
달챙이 목욕 봉사하는
은발 카사노바 만났지
누가 제일 달콤했냐구?
쉬, 그건 영업 비밀!
짧아도 뜨거웠지
혀로 혀와 만났지
좀도둑도 정치가도 성직자도
내겐 모두 진심이었지
정직한 혓바닥 위에
뜨거운 밥 한 술씩 얹어 주었지
이제 내 꿈은,
그들이 죽을 때
평생 쏟아 놓은 말들
한 줌 쌀로 되떠넣어 주고

어두운 무덤 한 자리
썩지 않는 부장품이 되는 것

2009, 간이역에서

가으내 노숙하던 남천이 들어오자
난로를 쬐던 반얀이 어깨를 내어 준다
늙은 역무원이 찬물 부을수록
활활 타오르는 포인세티아—
깨진 유리창으로 흰 나비 떼들 날아와
잉걸의 열대로 망명한다

남국에서 온 부이반덕 씨는
아직도 눈발이 신기해 두 손을
내밀어보지만 지난 계절부터 왼손목이 없다
'낙엽 지듯 새 손이 움틀 거란다'
'정말?'
봄을 꼽던 다섯살배기 아들 타잉홍은
물소가 된 아빠의 콧김이 신기하다

일곱 살짜리 딸 란아잉은 고사리손으로
쇼핑백에서 털실뭉치를 꺼낸다

얼음장 밑 물고기들에게 줄
성탄 조끼를 뜨고 있다
하늘로 부칠 엽서도 한 장 챙겼다

덜커덩— 툭—
기적소리에 놀란 눈덩이가 쏟아지자
남천과 반야와 포인세티아가
서로의 어깨를 잡아당긴다
마지막 빙하기 이후 절대로
만날 수 없던 꽃과 나무가 만나
세상에 없는 계절로 저물고 있다

만날 수 없던 것들이 만나니
이별은 더욱 멀어지는가
열대와 온대와 한대가 함께
곁불 쬐며 월동하는 저 간이역도 곧
봄눈처럼 사라질 것이라 한다

유모차와 할머니

 지하 셋방 혼자 사는 할머니, 유모차 끌고 골목길 돌아오신다 지팡이 짚고 두둠두둠 가던 길 돌돌돌 굴러오신다 속 깊은 손녀 같은 유모차가 깡마른 어깨 내어 준다 웬일로 손주들이 오셨나? 오로로 까꿍 대신 단풍 손바닥 대신 낯선 손주들 까르르 웃음 터트린다 천 원에 세 개짜리 겉늙은 오이 삼남매가 허리 꼬부리며 웃는다 앞이마 훤한 장군 애호박이 옹알이 한다 손두부 옆 막걸리 한 병이 출렁출렁 웃는다 너털웃음 웃던 낮달의 턱이 빠진다 일용할 손주들 태운 구불구불 할머니 절름절름 가신다 오물오물 웃으며 자장가 부르신다 둥게둥게 우리 아기 서울 길로 가다가 암탉한테 채이고 수탉한테 채여서… 없는 손주 앞세워 없는 세상으로 가신다 봄눈처럼 왔다가 가을서리처럼 가신다 두부 장수 화물차 딸랑딸랑 마지막 골목으로 들어간다 숯덩이 같은 그믐밤 요람처럼 흔들린다

어찌하여

산정은 에돌아도 한 식경 거리인데, 왜가리 발목을 씻기며 자갈돌 뒤채며 사시사철 흐르는 계곡물은 어디서 오는 걸까 닭무릎 같은 관절로 염천을 건너는 물봉선들아, 버들치들은 어찌하여 아무런 근심도 없이 떼지어 노니는 걸까 밤나무는 지난해 닷 말 가옷 밤톨들 다 떠내려 보내고도 들큼한 밤꽃 새로 피우는 걸까 갯버들은 봄마다 잘린 가지를 화원에 보내고도 저리 티없는 새순 내미는 걸까 뙤약볕 아래 검은 강아지는 종일 저를 묶어 둔 주인을 물지 않으며, 철망에 코끝이 긁힌 도둑고양이는 한 번도 도둑 신세를 후회하지 않는 걸까 장맛비에 두들겨 맞은 풀잎들은 아예 푸른 멍을 살색으로 삼는구나 구름은 하늘에, 땅은 발밑에, 물은 낮은 곳에, 모두들 저렇게 자명한데도 어찌하여 세상은 이토록 낯선 것일까

제주기행 1
— 주상절리에서

주상절리 입구에서
소라와 해삼을 팔고 있는
해녀 할머니는
주상절리에서 나서
주상절리로 시집와서
이마에 주상절리가 새겨지도록
물질을 해 왔다고
젊은 날 당신과 할아버지 두 섬 사이에도
만경창파가 일었지만
이제는 갈수록 사이가 좋아진다고
오 남매 자식들 훌륭히 공부시켰지만
손주들 용돈 주려고
소라와 해삼을 판다고
팔다가 남으면 도로
바다에 넣어 둔다고
불거진 손매듭이 뿔소라 같은,

파도에 지문이 씻겨간 두 손을
꼬옥 잡아드리며 나, 중얼거렸네

오 년 전 돌아가신 어머니가 왜 이리 많을까

제주기행 2
― 중섭이 묵던 방

늙은 중섭이 병귤을 따오는
서귀포
늙은 중섭이 멀구슬을 따오는
서귀포
늙은 중섭이 와락
게딱지 문을 열어도
1.4평에 누워
아직도 잠깨지 않는
젊은 이중섭과 마사코
중섭의 발가락을 깨물러 오는 게
붉은 알을 떨굴 듯 달려와
중섭을 들이받는 흰소
해가 중천에 뜨도록
이제는 아무도 없는 서귀포

아기 업은 소녀
— 박수근 1

잠이 든 동생 업고 고샅길 나가서
장에 가신 엄마를 기다리던 중이었어요
깜장 치마에, 깜장 고무신,
물만 안 새면 다행이었죠

엄마요? 수십 년 안 오시고
동생요? 수십 년 안 크고
저요? 수십 년 다리 부었지만
다행히 아직도 소녀죠, 당신처럼

기름장수
― 박수근 2

나? 나이 서른에 청상 되고 행상이 되어
내 손금 같은 시골길 골목골목 떠돌았다우
휘휘 수양버들처럼 팔 내두르며 걸었다우
소태 같은 인생살이 냄새라도 고소하자고
참지름 병 달각, 들지름 병 덜걱

시장의 사람들
— 박수근 3

아, 맥고모자 쓴 사내 셋 솥발처럼 앉아 있는 거?
그 옆에 노점 아낙에게 수작 거는 게 바로 나여
주머니에 소 판 돈 깨나 있었거든
하필 희떠운 소리 건네는 날 그릴 게 뭔가
자네 그림 유명할수록 나는 세계적으루다 망신이네

평생 아무도 주목하지 않는 가난한 서민들을
그리면서 박수근은 이렇게 중얼거렸다고 한다
'나는 인간의 선함과 진실함을 그려야 한다는,
예술에 대한 대단히 평범한 견해를 가지고 있다'

어쩌면 가장 낮은 곳이 가장 높은 곳이다

어린 왕자 1

 중학교 때 왕따가 되어 빵 셔틀, 고교 때 야자로 수능 턱걸이, 청운의 부푼 꿈 안고 편의점 알바 하는 너를 보았지 랄랄라~ 심야 카운터에서 까딱까딱 손가락 장단 치는 너를 보았지 휴학하고 군에 갈거나, 취업해서 빚 갚을거나 운 좋으면 사십 전 결혼도 할거나
 아름다운 지구별에 꿈 많은 어린 왕자들 지금도 속속 도착하지 산부인과 터미널마다 택일하여 북적거리지 저마다 돌잡이 3종 세트 골프공, 청진기, 의사봉 잡고 옹알거리지 미술학원에서 미술을 지우고, 음악학원 가서 음악을 지우고, 영어학원 가서 모국어를 버리며 무럭무럭 자라지

어린 왕자 2

소혹성 B612호에서
지구별로 유학 온
어린 왕자
이력서 쓰네

울보유치원
심술초등학교
왕따중학교
빵셔틀외국어고등학교 졸업

어느 별에서보다
깊은 슬픔 배웠다고
어느 컴컴한 주유소에서도
견뎌 낼 자신 있다고

봄

 천둥 번개 우박 진눈깨비 고라니어금니 토끼대문니 멧돼지발톱 나무꾼왜낫 그득한 세상에 가냘픈 입술 하나로 오셨나요 서리밭 건너 얼음강 건너 삭정이 같은 두루미 두 다리 번갈아 딛을 때 무릎에 삐꺽 꽃 피는 소리, 두 팔 두 손 없어 아침 세수도 못 한 낮달의 눈썹은 어찌 꽃술처럼 고와라 산골 소녀 분홍빛 얼굴은 주근깨투성이라도 별도곤 반짝거려라 떠꺼머리총각아, 외딴집 처녀 달만큼 보면 상사병 나니 채송화 씨만큼 보고 칡 캐러 가거라 냇물 건너며 까맣게 잊거라 그래도 가슴 속 뻐꾸기 울거든, 핏줄마다 물고기들 솟구치거든 봄물처럼 되돌아오거라 외돌아 앉은 얼레지 처녀도 오래도록 발꿈치 들고 기다렸나니 수풀떠들썩팔랑나비야 앞 고개 너머 조랑말 오느냐 뒷고개 너머 꽃가마 온다

하늘은 얼마나

하늘은 얼마나 먼지 어떤 새도 끝까지 가 본 적 없고
하늘은 얼마나 가까운지 키 작은 아이 손도 닿지 않은 적 없고

하늘은 얼마나 따스한지 아무도 품지 않은 사람 없고
하늘은 얼마나 시원한지 아무리 뜨거운 굴뚝도 식히지 않은 적 없고

하늘은 얼마나 단단한지 어떤 망치도 깬 적 없고
하늘은 얼마나 부드러운지 어떤 새순도 다친 적 없고

하늘은 얼마나 좁은지 눈꺼풀보다 작고
하늘은 얼마나 너른지 하느님도 벗어난 적 없고

하늘은 얼마나 무거운지 모든 영혼을 다 싣고
하늘은 얼마나 가벼운지 풀잎도 이고 있고

하늘은 얼마나 바쁜지 날마다 별들을 나르고
하늘은 얼마나 태평한지 천 년째 푸르고

오백 나한의 외출

 저 경상도 어느 산골 '거조암'이라나 뭐라나 신라 시대 세운 대안 학교가 천 년쯤 됐다더군 지독한 석가모니 담임이 출석부를 들고 있다더군 오백 나한의 콩나물 교실, 꼬박 칠백 년째 불경 한 과목을 여적 떼지 못했다더군 삼백육십오 일 야자 시간, 분식집에 당구장은커녕 서툰 술잔에 빼끔 담배, 풋내기 연애 한 모금도 없다더군 쉿, 그 학교 소사 얘긴 좀 다르더군 한 오백 년 전쯤 담 타고 나간 학생들이 있다는 거야 저기 저 526명 화강암 학생 중에 진흙으로 만든 가짜 청강생이 다섯이나 있다는 거야 담임은 여적 모르는 눈치지만 담 너머엔 소문이 파다하대요 다섯 학생들을 종종 마주친다는 거야 한 번은 사찰 아랫말 늙은 농부들 틈에 끼여서 텀벙텀벙 모내기를 하다가 못 이기는 척 막걸리 한 잔 마시고 휘적휘적 구름재 넘어가더라는 거야 봄볕에 졸고 있는 엿장수 엿목판 슬쩍 들고 건넌말에 가서 신나게 엿가위 잘그락거리며, 양은냄비, 고무

신 모으는 걸 봤다는 거야 힝힝힝 웃기만 할뿐 아무도 학교에 이른 사람이 없다는 거야 저기 지하철에서 나나 무스쿠리 틀어 놓고 입담 좋게 외치는 입 크고 수염 짙은 사내, 고무바지 끌면서 이 칸 저 칸 배밀이 고행하는 냥반, 저잣거리에서 피리 불며 자빠진 아이 일으키고, 구부러진 할머니 당기며 신호등 건너는 악사, 걸핏하면 잘 웃고, 걸핏하면 눈물짓는 수상한 당신, 거조암 야자 시간에 담 넘어 온 오백 나한 중 하나인지도 모른다는 거야 고교 시절 배꼽바지에 흰구두 신고, 책가방 휙 초생달에 걸쳐놓고 훌쩍 학교 담 타넘던, 쬐끔 불량한 듯해도 더 많이 선량한 나, 너, 그리고 당신!

도둑씨앗

 집 앞 금성마트에도, 착한국수집에도, 올 여름 갑작스레 번진 봉숭아꽃을 본다 화단 하나 없는 시멘트 골목 옹기중기 놓인 화분마다 족두리꽃이 돌림병처럼 번져 있다 슬슬 웃음이 난다 남 들킬세라 입을 가리며 키득키득 웃는다 어쩔 수 없이 만발한 꽃들이 수줍은 듯, 수상한 듯, 수군거린다 지난 봄, 마트 아줌마가 고개를 갸웃거리며 화분 속 낯선 모종 고쳐 심더니, 저녁마다 알록달록 종이우산 쓰고 출근하는 분꽃 아가씨들 보고 환하게 웃는다 쥐눈처럼 까만 씨앗을 으깨어 보오얀 분을 바른 딸아이가 까르르 웃는다 청국장 집 아저씨가 영문도 모르고 봉숭아 싹에 물을 주더니, 어느 날 뚝배기 내오는 새끼손톱이 붉게 물들어 있다 왈칵 쏟아질 뻔한 웃음을 한 숟갈 말아 삼킨다 우리집 베란다 화분에 피던 꽃들, 하릴 없이 툭툭 터져서 하수구로 흘러가던 웃음들 호주머니에 넣고 다니다가 남몰래 뿌리는 버릇이 벌써 몇 해째 되었다 슬, 슬, 슬 도둑씨앗을 넣으면, 골목길 화분들은 영문도 모르고 겨우내 입덧하다가 봄볕에 터져 나오곤 한다 나는 남이 모르는 딸부자다 골목마다 제 애빈 줄도 모르고 울긋불긋 인사하는 딸들이 기특하다

  어쩌면 나도, 땅 한 평 없는 어떤 가난한 신神의 호주머니에 들어 있던 씨앗 한 알인지도 모른다 어느 날 문득 충청도 두메산골, 아들 딸 모종이 여덟이나 있는 오두막 화분에 슬쩍 던져 넣었으리라 그 씨앗이 움터 깨벗고 날다람쥐 좇다가, 어느덧 도둑씨앗 슬슬 뿌리는 걸 보며 '씨는 못 속여~' 가가가呵呵呵— 하현달처럼 턱이 빠지게 웃고 있을지도 모를 일!

꽃뱀의 독서

　꽃뱀이 풀밭에서 신간을 읽고 있다 며칠째 기다려 온 참개구리 자서전이다 평생 물잉크로 써 왔다는 얼룩무늬 가죽 양장본이다 꽃뱀은 소문난 정독가다 어떤 서적도 한 번 손에 쥐면 머리말부터 꼬리말까지 한 글자도 빠트리지 않는다 모르는 이들은 고작 꽃뱀이 걸친 무지갯빛 목도리를 탐내지만 아는 이들은 지성으로 갈무리된 뱀눈에 한껏 오금저리는 것으로 경의를 표한다 꽃뱀의 꿈도 멋진 자서전을 하나 쓰는 것이다 비늘 한 칸 한 칸 또박또박 적어보다가 꽤나 구불구불한 제 필자에 몸서리치기도 한다 더러 쓰다가 막혀 구깃구깃 벗어던진 원고가 돌 틈에서 발견되기도 한다 꽃뱀은 한 권 다 읽을 때까지는 절대 다른 책을 사지 않는다 올 봄 새로 펴 낸 신간들이 퐁당퐁당~ 숲 속 연못 도서관에 안심하고 납본되는 것은 그 때문이다

산사 개구리 음악회

 '하얀 꽃 찔레꽃 순박한 꽃 찔레꽃~' 백로처럼 하얀 바지저고리, '찔레꽃 향기는 너무 슬퍼요~' 과천 보광사 산사 음악회 가설 무대에 오른 가객 장사익 선생, '그래서 울었지 목놓아 울었지' 소리강물 구성지게 풀어 놓다 말고 진땀 닦으며 한 말씀 '아, 저놈의 개구리들 땜에 내가 미치겠시유!' 관객들 참았던 웃음보 터진다 산사 마당 연꽃 고무 함지마다 들어앉은 개구리들 와글와글 개굴개굴 고성능 확성기까지 동원한 당대 일등 가객의 목소리를 굴컥굴컥 삼키는 게 아닌가 저보다 목소리 큰 녀석에게 색시를 빼앗기지 않으려는 수컷들의 눈물겨운 산사가요대첩이 벌어지고 있었다 장 선생 가까스로 '봄날은 가안다아~' 앵콜 송 부르고 달아나자 보글보글 의기양양 잠잠해진다 지켜보던 관악산이 껄껄 웃으며 용감한 개구리 가객들 목이나 풀라고 물컹한 노른자 달 하나씩 고무 함지마다 동동 띄워 주는 것이었다

2부

참새와 홍매

어린 날, 신열에 들떠
무서운 곳 헤매다 눈 떴을 때
작은 이마에 얹혀 있던
따뜻한 무게 알고말고

저 꽃나무들, 삼동을
언 꿈 꾸다 문득 눈 떴을 때
가지마다 얹혀 있던
작은 무게 알고말고

겨우내 맥 짚어준 것 밖에 없다고
포릉포릉 날아가니
붉은 목젖 다 드러나도록
출렁출렁 되부르네

직박구리

매연에 그을은 직박구리 떼들
저녁 나무로 스미며
직박 직박 운다

흰 셔츠 입은 사내들
야근 빌딩으로 스미며
집밥 집밥 운다

멧토끼 양아들

한식날 양지바른 산소 앞
은박지 돗자리 깔고
술 한 잔 올리려니
아뿔싸, 올해도 늦었다
노란 잔디 위에 소복이
진설해 놓은
토끼똥 동그랑땡
그 옆에 사과 몇 알 더 괴고
술 따르고 절한다
'멧토끼 동생, 음복 한 잔 하랴?'
언제부턴가 어머니는
산 속 양아들을 들였다

장어

수족관 장어들이 날렵하게 꿈틀거린다
평생 한 일 자 일획만 긋던 놈들이다

이제 일획도 너무 길어
탁, 탁, 탁
점으로 돌아가리라 한다

마침내 붓마저 버려야 얻는
절체절명의 도마필법을 얻으리라
저마다 설레어 웅성꿈틀거린다

저들이 써 온 일필휘지의 서첩은
고스란히 물 속에 남아 있다고 한다
강물에 강물을 찍어서 썼다고 한다

새들이 허공에 허공을 찍어
온몸으로 일획을 남기고 가듯

방생 전문 미꾸라지

충청도 두메 먹골둠벙에 있던 날
제천 의림지에 있던 날
금강 상류에 있던 날
영산강 지류에 있던 날
다시 건져서 오늘 또
첨벙, 섬진강에 던져 넣으시니
평생 진흙바닥에서
흙탕물 필사나 하던 날
검정 가마솥에서
뜨거운 추어체 쓸 뻔한 날
좋은 날 골라
팔도 유람시켜 주시니
빗방울 수직 승천의 꿈도 접고
출렁출렁
고속버스 멀미가 그리워
명년 방생 법회에도

팔도 수중 중생들에게
흙탕물 반야심경을 전하리라
살아서 흙탕물이요,
살아서 명경이라,
전하리라

자벌레

 한심하고 무능한 측량사였다고 전한다 아무도 저이로부터 뚜렷한 수치를 얻어 안심하고 말뚝을 꽝꽝 박거나, 울타리를 치거나, 경지정리를 해 본 적이 없다고 말한다 딴에는 무던히 애를 썼다고도 한다 뛰어도 한 자, 걸어도 한 자, 슬퍼도 한 자, 기뻐도 한 자가 되기 위해 평생 걸음의 간격을 흐트러트리지 않았다고 한다 그러나 저이의 줄자엔 눈금조차 없었다고 한다

 따뜻하고 유능한 측량사였다고도 전한다 저이가 지나가면 나무뿌리는 제가 닿지 못 하는 꽃망울까지의 거리를 알게 되고, 삭정이는 까맣게 잊었던 새순까지의 거리를 기억해 냈다고 한다 저이는 너와 그가 닿지 못 하는 거리를 재려 했다고 한다 재면 잴수록 거리가 사라지는 이상한 측량을 했다고 한다 나무밑둥에서 우듬지까지, 꽃에서 열매까지 모두가 같아졌다고 한다 새들이 앉았던 나뭇가지의 온기를, 이파리 떨어진 상처의 진물을 온 나무가 느끼게 되었다고 한다 저이의

줄자엔 눈금조차 없었다고 한다

 저이가 재고 간 것은 제가 이륙할 열 뼘 생애였는지도 모른다고 한다 늘그막엔 몇 개의 눈금이 주름처럼 생겨났다고도 한다 저이의 꿈은 고단한 측량이 끝나고 잠시 땅의 감옥에 들었다가, 화려한 별박이자나방으로 날아오르는 것이었다고 한다 별과 별 사이를 재고 또 재어 거리를 지울 것이었다고 전한다

 키요롯 키요롯- 느닷없이 날아온 노랑지빠귀가 저 측량사를 꿀꺽 삼켰다 한다 저이는 이제 지빠귀의 온몸을 감도는 핏줄을 잴 것이라 한다 다 재고 나면 지빠귀의 목울대를 박차고 나가 앞산에 가 닿는 메아리를 잴 것이라 한다 아득한 절벽까지 지빠귀의 체온을 전할 것이라고 한다

사마귀

직업은 망나니지만
모태 신앙이다
방금 여치의 목을 딴
두 팔로 경건히
기도 올린다

위대한 메뚜기

메뚜기 한 됫박을 볶았다
이 중에도 필경 위대한 메뚜기 한 마리쯤 있으리라
위대한 메뚜기라도 특별한 맛은 없다

달팽이 자서전

 남들이 혀로 세상을 말할 때에 나는 혀로 세상을 걷기로 했다 혀에 깃들어 살던 말을 쏟아내고 발로 삼았다 한 걸음에 침이 마르고 두 걸음에 입술이 불탔다 모래알보다 아픈 건 바닥에 그득한 소리먼지들, 뛰며 달리는 이들의 손가락질과 비웃음소리 혀로 걷고부터 비약이 없어졌다 세상은 한 걸음도 뛰어넘을 수 없는 오물과 장벽이 되었다 아니다, 혀로 걷고부터 장애가 없어졌다 온몸으로 나아가니 세상이 온몸을 내어 준다 걸어찰 발굽이 아닌 걸 알자 돌부리도 벼랑도 사금파리도 탱자나무 가시도 나를 부드럽게 넘겨 준다 한 번도 내 혀는 베인 적이 없다 굳은살 없는 발바닥이 그 증거다 발이 된 내 혀는 찬양할 줄도 욕할 줄도 모른다 다만 세상의 발굽들이 낸 상처와 먼지를 닦으며 나아갈 뿐 신은 세상의 뱃구레를 들이받으라 네 개의 뿔을 만들어 주었지만 나는 각질을 제거하여 구름 지휘봉으로 만들었다 몽몽 늘늘~ 가장 낮은 곳에서 가장 높은 곳

을 지휘하며 간다 세상의 날고 뛰는 이들이 빠트리고 간 페이지를 구석구석 연주한다

토룡부인傳

'며늘아, 눈을 가리니 부러운 것 없고, 귀를 막으니 두려움이 없고, 코를 낮추니 욕심이 없더라 손을 버리니 사치가 없고, 발을 버리니 조급함이 없고, 뼈를 버리니 골다공이 없더라 삐뚤어도 한 일 자로 살아왔다 바닥을 하늘로 섬기고, 어둠을 꽃으로 삼고, 흙을 떡으로 여기며 살아왔다 나는 평생 이 땅을 삼켜 여의주로 만들었다'고 말하는 순간, 두엄을 뒷발로 헤친 어미닭이 늙은 시어미를 탁 찍어 올리니, 올봄 한 배 내린 열두 노란 병아리 떼가 쫑쫑쫑~

먹은 죄

새끼들에게 줄 풀벌레 잡아오던
지빠귀를 새매가 나꾸어 갔다
가까스로 허물 벗고 날개 말리던
잠자리를 물총새가 꿀꺽 삼켜 버렸다
오전에 돋은 새싹을 다람쥐가 갉아먹는다
그러나 어느 유족도 복수를 꿈꾸지 않는다
다 먹은 죄가 있기 때문이다
한없이 슬퍼도 적막한, 푸른 숲 속의 일이다

꽃뱀의 목에 꽃무늬를 두르는 시간

 구불구불 길 위로 길 하나 가는 걸 보았느냐 아무리 곧은 길도 굽어가는 천형을 보았느냐 평생을 달아나도 제 몸의 길 벗어날 수 없어 서럽게 울며 흰 길 위로 달아나는 한 발 초록길을 보았느냐 지팡이 하나 봇짐 하나 미투리도 없이 온몸이 발바닥인 나그네를 보았느냐 가시덤불 헤치고 사금파리 넘어 가까스로 신작로 오르면, 우르르 쏟아지는 죄 없는 햇살이여 돌팔매여, 머리 지나, 허리 지나, 꼬리 이르도록 마디마디 고통의 눈금 새겨지는 가늘고 긴 줄자를 보았느냐 아픔에서 아픔으로 가는 삼거리, 눈물에서 눈물로 가는 네거리를 재고 또 재는 슬픔의 측량사를 보았느냐 문득 네 앞에 서린 무서운 한 모퉁이, 꼿꼿이 목을 세운 한 타래를 보았느냐 꽃이 될까, 독이 될까 기쁨에서 슬픔으로 가는 벼랑길에, 슬픔에서 기쁨으로 가는 지름길에 한 움큼 붉은 독 이겨 바르는 꽃뱀을 보았느냐 이름은 꽃길이라도 온몸의 바탕은 암록인 우리네 구절양장을 보았느냐

새와 그림자

 새가 난다 일직선으로 난다 계곡과 계곡 사이를 난다 그 아래 새 그림자 스친다 저수지에 앞가슴 젖는다 사금파리에 두 날개 베인다 가시덤불에 다리가 긁힌다 새가 나뭇가지에 앉자 새 그림자도 출렁 부여잡는다 시치미 뚝 떼고 새 발목에 스미는 말끔한 만신창이! 새 그림자는 새가 빛나는 황금 깃을 칠 때에 그저 무채색 손뼉이나 처댄다 평화가 하늘 높이 날아오를 때에 천 길 낭떠러지로 몸을 내던진다 자유가 잡아당기는 고삐에 하염없이 끌려다닌다 아니다, 어쩌면 저 자유의 연줄을 잡고 평화의 얼레를 감고 있는 것은 새 그림자인지도 모른다 울음도 비명도 없이 시궁과 굴형으로 내닫는 새 그림자가 새의 배후라는 소문이 돈다 새 그림자가 알을 낳는다 그 옆에서 새도 함께 알을 낳는다 어미새가 가슴털을 뽑아 새알을 덮을 때에 새 그림자도 어둠의 깃털로 지은 배내옷 한 벌을 착착 개어 넣는다 한날 한시 새와 새 그림자가 함께 부화할 것이다 저것

봐라, 새 그림자가 날고 새가 땅을 쓸며 지나간다 빛보다 환한 그림자의 길!

송사리

송사리도 그림자가 바닥에 비치는구나

여생

날개가 해진 잠자리가 가을 하루를 더 날고 있다
알을 슨 방아깨비가 한 나절을 더 풀잎에 앉아 있다
무서리 맞은 호박순이 가으내 담장을 놓지 않고 있다
가을 나비도 다 날았는데 잠시 심장이 더 뛰고 있다
넘어진 택배 맨 오토바이가 부릉부릉 엔진이 멎지 않는다

까치집

망치도 없고, 설계도도 없다
접착제 하나 붙이지 않고, 못 하나 박지 않았다
생가지 하나 쓰지 않고, 삭정이만 재활용했다
구들장도 없고 텔레비전도 없지만
성근 지붕 새로 별이 보이는 밤이 길다
앙상한 겨울나무의 심장 속으로
주머니난로 같은 까치 식구들 드나든다
까치집 품은 나무는 태풍에도 끄떡없다고 한다
까치들이 똑똑해서 튼튼한 나무만 고른다지만
나무들이 둥지를 땅에 떨어뜨리지 않으려고
안간힘으로 버티는 것인지도 모른다
맑은 노래도 들려 주고, 벌레도 잡아 주는
까치가 고마워서 넘어질 수 없는 것이다
여름엔 나뭇잎으로 그늘을 만들어 주고,
겨울엔 낙엽을 떨구어 햇살이 들게 해 준다
나무와 까치는 임대차 계약도 없이 행복하다

궁둥이도 노루다

궁둥이는 한 짐인데 발목은 회초리처럼 가늘지? 조물주가 잘못 만들어 놓은 것 아니냐구? 얘길 들어봐 옛날 포수가 꽝 총을 놓으니 노루가 혼비백산해서 산비탈을 뛰어넘는데 한 고개 너머 두 고개 너머 세 고개 너머 백 고개를 넘어서야 안심하고 상수리나무 밑에 털썩 주저앉았지 분홍빛 혀로 잔등의 털을 핥다가 제 궁둥이를 보게 되었지 아니 이런 미련한 것 같으니 목숨이 왔다갔다 하는 마당에 저 뚱뚱한 궁둥이를 짊어지고 왔다니 쯧쯧쯧 노루는 제 가는 발목이 불쌍해 한숨을 쉬었는데 가만 생각해보니 것도 함께 온 탓에 상수리나무 밑에 궁둥이 깔고 쉴 수 있는 것 아니겠어? 만약 무겁다고 궁둥이를 두고 왔어 봐 포수들은 빵~ 공포만 놓고 궁둥이를 주워들고 가서 구워먹겠지? 산에는 궁둥이 없는 노루들 발자국소리만 요란할 거야 노루는 목을 길게 늘여 사랑스런 궁둥이를 정성껏 핥았지 다음부터는 아무리 무서운 사냥꾼이 쫓아와도 뚱뚱

한 노루궁둥이는 가는 네 다리 위에 원님처럼 올라앉아 마음 놓고 왼궁둥을 씰룩, 오른 궁둥을 씰룩거리게 되었지 그 뿐인 줄 아니? 노루발은 경중경중 노루 귀는 쫑긋쫑긋 노루 눈은 둥싯둥싯 노루 배는 들먹들먹 노루 털은 자르르~ 아무리 급해도 다 따라왔으니 노루지

영농후계자 백로

 오월엔 하늘의 면적이 두 배로 늘어난다 무논마다 하늘이 둥둥 떠간다 하늘에 못 다 넌 구름이불도 펄럭인다 게가 하늘인 줄 알고 날다가 오리 떼가 첨벙첨벙 빠지는 건 흔한 일이다 농부와 트랙터가 하늘을 갈며 간다 뽀얗게 흙탕물 일지만 금세 하늘빛으로 변한다 앞길이 창창한 젊은 백로 서너 너댓 마리가 열심히 트랙터 뒤를 따르며 써레질을 배운다 더러 교환 학생처럼 황로와 왜가리도 섞여 있다 머잖아 늙은 농부들 제비 떼처럼 사라지고 나면 저 백로들이 트랙터를 몰고 구름밭을 갈 것이라고 한다

봄꽃의 주소

숨어 핀 외진 산골 얼레지 꽃대궁 하나
양지꽃 하나
냉이꽃 하나에도
나비가 찾아드는 건
봄꽃 앉은 바로 그 자리에도
번지수가 있기 때문

때로
현호색이 보낸 꽃가루를
제비꽃이 받는 배달사고도 있지만
금년 온 천지 붉고
내년 또 노오랄 것은
봄꽃 앉은 바로 그 자리에도
번지수가 있기 때문

가방도 아니 멘 나비 떼가 너울너울

모자도 아니 쓴 꿀벌 떼가 닝닝닝
자전거도 아니 탄 봄바람이 돌돌돌
금년 온 천지 붉고
내년 또 노오랄 것은
바로 저 우체부들 때문

별꽃

곱추 할머니 두고 먼저
하늘나라 간 손녀가
보내온 별자리일 거야
쪼그려 앉아야 보이는
발 밑 별들일 거야
아서라 아서~
조무래기들 까마귀 발
밟고 또 밟아도
해마다 다시 돋는
은하수일 거야
누군가 몰래 꽃씨 뿌리고
돌아가며 하얗게 우는
UFO도 보았다지

좀딱취

좀딱취 먹는 조그만 사람들
그 숲에 살면 만나고 싶네
산도 강도 퍼내지 않고
해마다 좀딱취 돌아오듯
올해도 작년 같은 사람들
조그맣게 웃는다는
그 곳에 가고 싶네

쥐똥나무

소중히 움켜쥐고 있는 게
쥐똥 몇 알뿐인 걸 알자
새들은 일제히 날아가 버렸다

겨울이 깊어가자
까치밥도 떨어지고
마가목 열매도 바닥이 났다

눈이 까맣게 덮인 겨울날
새들이 언 부리로
쥐똥을 따 먹고 있었다

똥을 열매로 바꾸는 나무 위에
열매를 똥으로 바꾸는 새들이
기쁘게 재재거렸다

겨울하늘을 힘차게 건너는
저 쥐똥들!

담쟁이덩굴

절벽처럼 먹먹한 등 푸르게 두드리는 걸 보았다
덮을수록 드러나는 허물 넉넉히 가려 주는 걸 보았다
괜찮아, 괜찮아, 괜찮아—
오늘은, 서서 우는 빌딩을 어르는 천 개의 손을 보았다
너와 나 사이에, 나와 그 사이에
무너뜨릴 수 없는 벽이 자라도
까짓것 아무것도 아니라는 듯
댓바람에 타넘는 걸 보았다
담 높을수록 열리는 새 길을 보았다
모진 폭풍우에도 떨어지지 않고
누군가의 목숨이 되어 주었던 손바닥들을 보았다
가슴이 먹먹할 때면 담쟁이 앞에 서라
네 앞에 절벽이 있다면 주저앉으라는 것이 아니라
타고 넘으라는 뜻이다

주산지 왕버들

누군들 젖지 않은 생이 있으랴마는
150년 동안 무릎 밑이 말라본 적이 없습니다
피안은 몇 걸음 밖에서 손짓하는데
나는 평생을 건너도 내 슬픔을
다 건널 수는 없다고 생각하였습니다
신은 왜 낙타로 하여금
마른 사막을 걷도록 하시고,
저로 하여금 물의 감옥에 들게 하신 걸까요
젊은 날, 분노는 나의 우듬지를 썩게 했고
절망은 발가락이 문드러지게 했지만
이제 겨우 사막과 물이 둘이 아님을 압니다
이곳에도 봄이 오면 나는 꽃을 피우고
물새들이 내 어깨에 날아와 앉습니다
이제 피안을 지척에 두고도 오르지 않는 것은
나의 슬픔이 나의 꽃인 걸 어렴풋이
알았기 때문인지도 모릅니다

물양귀비

궐련 말듯
수박껍질마저 오그린
잉걸불 태양도
물양귀비 미농지 꽃잎 하나를
말리지 못 하고
어둠 내리자 꽃잎
스스로 눈을 감는다

단 하루 동안
세상 모든 걸 보았다고
보고 싶은 모든 것
오늘 다 있었다고
아쉽고 궁금한 것
더 없다고
꽃으로 왔다가
꽃으로 간다고

나더러
천천히 오라고
아 글쎄 저는 단 하루 만에
이 세상을 지나면서

은행나무 부부

십 리를 사이에 둔 저 은행나무 부부는 금슬이 좋다
삼백 년 동안 허운 옷자락 한 번 보지 못 했지만
해마다 두 섬 자식이 열린다

언제부턴가 까치가 지은 삭정이 우체통 하나씩 가슴에 품으니
가을마다 발치께 쏟아 놓는 노란 엽서가 수천 통
편지를 훔쳐 읽던 풋감이 발그레 홍시가 되는 것도 이 때다

그러나 모를 일이다
삼백 년 동안 내달려온 신랑의 엄지발가락이 오늘쯤
신부의 종아리에 닿았는지도

바람의 매파가 유명해진 건 이들 때문이라 전한다

꽃 마렵다

애들아, 장군 지고 꽃 배달 가자
아 글시, 요 폭 삭은 냄새를 부치면
꽃이 된다는구나
용쓰던 근심도 잘만 삭으면
벌 떼 닝닝거리는
꿀이 된다는구나
히히, 아들놈 여편네 끙끙 퍼지른 것들이
흰 배꽃 되어 온다는구나
세상 철부지들 픽픽 싸지른 것들이
희디흰 나비 떼였다는구나
배나무 둘레에 둥근 달무리 파고
출렁거리는 꽃물 붓자
이크! 장화에 꽃 묻을라
꽃도 없고 나비도 없는
세라믹 옹달샘아
꽃 마렵다!

3부

봄, 춤

봄신의 자식인
모든 새싹들의 종교는
들춤입니다
겨울신의 자식인
모든 바위들의 종교는
멈춤입니다
하지만 경전은 오직 한 가지
'춤-바이블'입니다

나비는 춤을 짐 지고
지게는 짐을 춤 추며,
내게 묻습니다

'당신의 종교는
짐교입니까,
춤교입니까?'

입춘

한 떼의 고방오리들이
뚝뚝 하늘을 끄며 날아간다

죽은 갈대도 체온이 있어
제 무릎 곁의 얼음 먼저 녹이는구나

목련 전파사

목련의 전구를 갈러
전파사 직원이 들락거린다

1초에 수십 번 도는
드라이버 소리 붕붕붕

종일 발 닿지 않는
허공, 사다리도 없다

늘 전등불 바라보니
이젠 시력이 없다

수백 송이 갈고 나면
時給 꿀맛조차 쓰지만

모든 찬란한 것들엔

맹점이 있는 법이라고

나의 천직은 오직
이 하얀 어둠뿐이라고

목련 사원 속
전구 가는 소리 닝닝닝

평화

가마우지 떼들 도, 레, 미, 파
물 속에서 음표처럼 머리 돋는다
라, 라, 라, 라— 평화롭다

긴 부리로 파닥이는 물고기들 고쳐 삼킨다
솔, 솔, 솔, 솔—
물고기들 터널 미끄럼틀 타넘는다

'꿀꺽—'
목젖 일주문 여닫힌다
생명은 저마다 저승을 지니고 행복하다

무논의 받아쓰기

 구름 지나간다 구름 받아 적는다, 백로 지나간다 백로 받아 적는다, 농부 들어온다 농부 받아 적는다, 0교시부터 야간자습까지 한시도 졸지 않고 받아 적는다, 왼손잡이인 그는 받아 적는 말씀마다 거꾸로다, 저 봐라 미루나무도 전봇대도 거꾸로다, 못밥 이고 오는 순이 엄마도 주전자 거꾸로 들고 아장아장 걸어온다, 스스로 글 한 줄 짓지 못 하고 따박따박 받아 적을 뿐인데 온세상이 환하다

대리 출석

  소 없는 외양간 앞에 박씨 하나 움텄다 사다리를 기둥으로 착각한 박 넝쿨, 허공의 층계를 오른다 사다리를 가지러 온 농부 박 씨, 덩굴손의 믿음을 보고 그냥 놓아 두기로 한다 박 넝쿨 안심하고 지붕에 오른다 여름내 촉수 흐린 별빛 전구 밤마다 점멸한다 칠흑 같은 어느 그믐밤, 박 넝쿨이 슬몃 줄을 놓는다 둥실~ 박 하나 떠오른다 농부 박 씨 마실 다녀오던 마을길이 환해진다 인근에서 보지 못 하던 달 하나 창공에 박히었다

달 낙관

달로 낙관을 파서
하늘 화선지 한 켠
무빛으로 찍어 두었지

기러기 날든
별똥이 지든
아 그거야 모두 내 작품

나름

경허 선사가 말했다
가소롭도다 소 찾는 이여
소를 타고도 소를 찾네

몽골 초원에서 만난 꾀죄죄한 아이는
날마다 광활한 초원으로 간다
소 타고 소 찾아오는 게 일이다

구두와 고양이

마실 나갔던 고양이가
콧등이 긁혀서 왔다
그냥 두었다

전날 밤 늦게 귀가한
내 구두코도 긁혀 있었다
정성껏 갈색 약을 발라 주었다

며칠 뒤,
고양이 콧등은 말끔히 나았다
내 구두코는 전혀 낫지 않았다

아무리 두꺼워도
죽은 가죽은 아물지 않는다
얇아도 산 가죽은 아문다

허공

현자의 웅변도
우인의 하품도
사자의 포효도
풀벌레의 마지막 노래도
공룡의 들숨도
클레오파트라의 날숨도
저 커다란 묘혈 중에

바람

저놈은 대단한 독서광 아니면
문맹이 틀림없다
열흘째 넘기지 못한 서적을
돈 세듯 넘겨 놓고,
포플라 잎 팔만대장경을
일제히 뒤집어 놓은 채 달아난다

세계관

'세계관이란 무엇입니까?'
'세계가 다 들어가는 관이 아닙니까?'
'…참, 무서운 말이로군요.'
'무서울 것 없습니다. 세계가 다 부장품이니 없어진 것은 하나도 없지 않습니까?'

낙엽

나무는 제 몸에 단 이파리 숫자가 궁금해
한 장씩 떨어뜨려보는 것이다

눈서리 내리고서야 아차,
겨우내 벌벌 떠는 것이다

가으내 세고도 여름내 까먹어
해마다 다시 세는 것이다

속눈썹

검게 휘어진 야자수가
두 줄로 늘어서 손짓한다
낙타와 대상들이 다가와
무릎을 꿇으면
누구든 제 평생 다 비치는
오아시스가 일렁인다
광대뼈 사막에서 방울뱀이
콧방울 동굴에서 여우가 울면
아무리 물이 달아도
나그네는 다시 떠나야 한다
사막의 길은 멀고
눈깜빡할새가 날아간다

입원

꽃나무로 온 나비 떼는
꽃나무에서 가고
바랭이 끝에 온 이슬은
바랭이 끝에서 간다

아버지는 아랫목으로 왔다가
아랫목에서 가시고
어머니는 아랫목으로 왔다가
병원에서 가셨다

요즘 사람들 죄다 병원으로 와서
병원에서 가니
한 生이 入院이로구나

상강

가을물이 옷고름 풀어헤치며
다시 못 올 산허리를 섧게 운다
여치가 사흘 남은 제 죽음을
미리 문상 운다

유기견들

우리가 떠도는 건 배가 고파서만이 아니다

꼬리를 흔들어 마음 내어 보일 주인이 없다니
자유,
그것은 목줄에 비하면 아무것도 아니다

별이 수억 광년 궤도를 벗어나지 않는 건
자유를 몰라서가 아니다

광합성 혓바닥

입만 열면 정의를 말하지만
시퍼런 하늘 두려워 평생
축축한 동굴에 숨어 산다

닭모이를 주다 닭을 먹고
소를 쓰다듬다 소를 먹고
꽃을 상찬하다 꽃을 먹었다

가끔 제 살 깨물면 눈물 돌아도
한 점 고기 씹을 땐
단침 흘러나온다

어떤 성인군자의 세 치도
목구멍 포도청 앞
앞잡이요, 망나니였다지

싹둑, 혓바닥을 베어 내고
푸른 잎을 달자
수다스런 윤리학 대신
허허로운 바람 나부낀다

눈사람 다비식

눈사람이 돌아가셨대
삼동을 한뎃잠 자더니 날 풀리자
꽃피는 춘삼월 놔두고 돌아가셨대
누더기 장삼 가사 한 벌도 없이
숯검댕 눈썹 두 개 떨구고 돌아가셨대

변변한 게송도 없이 필생을 묵언 정진
오래도록 언 하늘,
언 들판 바라보더니
추녀 끝 고드름 석장 꺾어 짚고
왔던 길 홀연히 돌아가셨대

눈사람 다비식을 보았니?
장작더미는커녕 성냥골 하나도 아깝다며
봄볕에 몸 살라 돌아가셨대
온몸이 눈이었던,

온몸이 눈뿐이었던

눈사람 불 탄 자리 재 한 줌 없어도
겨우내 언 들판마다 돋는
싹눈, 꽃눈
온 생명 핏줄에 흐르는
맑디맑은 눈사람 추깃물을 보았니?

후둑 후둑 쏴아—
보얀 황사 먼지 두드리며
봄 가뭄 적시는 맑고 투명한 저것은
눈사람의 진신사리
수억 과

내가 죽어 나를 볼 때

오른손 보살 왼손 처사
극진히 보살폈다지
붉은 입술 전각 안
하얀 어금니 사대천왕
든든히 지켜 줬다지
세 치 붉은, 혀 부지깽이
부질없이 젖은 아궁이
불 지피느라 혼났다지
비대한 두개골 떠받친
목젖 일주문 너머
팔십 평생
30톤 고기와
50톤 쌀밥 넘겼다지
저 잘난 주지 스님
팔만사천 법문도 알고 보면
꿀꿀, 음메, 꼬끼요라지

외로움이 구원할 거야

눈 속에 숨어 있던 매화처럼
불타는 가뭄을 삼킨 씨앗처럼
어둠 속에 오래 박혔던 별들처럼
멸종의 족보에서 달려나온 짐승처럼
외로움이 우리를 구원할 거야

오래 사람을 잃은 자가 시를 얻듯
오래 쫓긴 산양이 절벽을 넘듯
가는 오솔길이 마침내 숲의 심장에 이르듯
누천 년 별들이 저 홀로 궤도를 걷듯
외로움이 우리를 구원할 거야

여명의 새벽이 아름다운 것은
저마다 외로움에서 깨어나기 때문
황혼의 저녁이 아름다운 것은
저마다 돌아갈 사무침이 있기 때문

외로움이 우리를 구원할 거야

오래도록 무리 속에 있다가
문득 자신이 보이지 않거든
가라, 너만의 오두막으로
가서, 외로워라
봄마저 잊고, 꽃마저 잊고

신공무도하가

머리가 허연 숫새가 날아간다
공은 강을 건너지 마시오
아내가 좇아오며 외친다
숫새가 마침내 강에 떨어져 죽는다
아내가 강바닥에 주저앉아
공후를 켜며, 노래를 부르며, 눈물을 흘린 다음
숫새가 들어간 강물로 걸어간다
이 모든 것을 지켜본 사공이
강물을 명주필처럼 걷는다
울음이 여울지는 강물 한 폭을 잘라서
지게에 지고 더 큰 강으로 들어간다
사공의 아내가 좇아오며 외친다
공은 강을 건너지 마시오
사공이 마침내 강에 떨어져 죽는다
사공의 아내가 강바닥에 주저앉아
공후를 켜며, 노래를 부른 다음

집으로 돌아와 울면서 밥을 짓는다
그녀의 나 어린 딸이 영문도 모르고
제 앞날 같은, 뜨거운 국그릇을 쏟으며 운다
공은 강을 건너지 마시오
복개된 강둑에 세워진 전설을 읽으며
젊은 남녀들이 깔깔거린다
무시로 강을 건너간다
누구라도 한 번쯤 저마다의 공후를 켜리라

혼돈이 산다

 믿을 수 없다 수천 년 전에 죽은 이가 버젓이 살아 있다니 《장자》 내편을 다시 보자 '북해의 천제인 홀과 남해의 왕 숙이 중앙의 임금인 혼돈에게 눈코입귀 일곱 구멍이 없는 걸 보고 매일 한 구멍씩 뚫었더니 칠일 만에 죽어 버렸다'고 또렷이 적혀 있다 새삼 이야기할 것도 없이 알 만한 사람은 다 아는, 이미 고전이 된 죽음이다

 황하 상류에 오롯이 나타났다 몇몇 사내들이 웃통을 벗어젖히자 죽은 소가 나와 팽팽한 등을 내민다 산 소들은 투레질하며 뿔뿔이 달아난 지 오래다 목과 사지를 잘라 가죽끈으로 묶고 바람을 불어넣은 쇠가죽 뗏목을 저들은 '혼돈'이라 한다 과연 얼굴 자리를 만져보니 칠규가 비어 있다

 더욱 예민해진 임금님. 일곱은커녕 한 구멍이라도

뚫리면 금세 죽어 버릴 태세다 날카로운 물건 손에 쥐고 탈 수 없다 구릿빛 사내들이 뗏목 위로 몸을 던진다 죽은 소 타고 산 강 건넌다 내 귀에 비로소 격랑의 외침 들려온다 '눈 뜨면 멀고, 눈 감으면 보이는 게 인생!'

 와아~ 함성을 지르며 둔치로 달려가는 아이들 눈망울이 머루알처럼 검다 소수민족이 사는 황하강 상류에는 아직도 싱싱한 혼돈이 살고 있다 오늘도 눈 먼 소 타고 눈 뜬 사람들 건너간다

적멸의 거처
— 오대산 상원사 적멸보궁에서

 적멸보궁에 와서 비로소 적멸의 얼굴을 보았다 천년 출타중인 본존불 대신 적멸이 앉은 보료를 보았다 적멸의 궁둥이가 누르고 간 둥근 복숭아 자국을 보았다 적멸도 앉을 자리가 필요하구나 적멸의 육체를 똑똑히 보았다 적멸이라 해도 내가 늘 보던 그것과 다르지 않았다 너와 나 앉은 곳이 적멸의 거처임을 알았다 허공도 바위도 적멸의 몸통인 걸 알았다 소음도 적막도 적멸의 음성인 걸 알았다 방금 핀 저 풀꽃의 자리도 시끄럽게 꽹매기 치는 저잣거리도 모두 적멸의 거처이다 적멸보궁에 와서 비로소 적멸의 얼굴을 보았다 도무지 적멸도 적멸의 바깥으로 달아날 수 없는 것을 보았다

재활용 당신

 바람이 파지상처럼 낙엽을 쓸고 갔다— 저걸 재활용해서 꽃을 만든다고 한다 살구빛 살구와 복숭앗빛 복숭아를 다시 만든다고 한다 어제 핀 국화도 바람의 재활용품이란다 신은 세상을 신상으로 만들지 않았다고 귀띔한다 아담이 진흙의 재활용이었던 것처럼, 최초의 품절녀 이브도 재활용 갈비뼈였지 명품 가방 뽐내는 저 옛지녀도 죽은 미라의 재활용, 엄마 손 잡고 뛰어가는 저 다섯살배기 사과빛 볼도, 나비의 혀를 스치는 진달래 암술도, 이토록 따스운 당신의 손도, 헌 국어사전을 털어서 짜맞추는 이 詩도

끼워 넣은 시

과일상 아저씨가 슬몃
썩은 사과 하나 끼워 놓았어요
이 시도 실은 슬몃
끼워 넣은 시예요
가난한 시인의 생계
웃으며 도려 내셔요

시

꽃을 시로 적는 일은
쉽지 않은 일

나비는 백 년째
'팔랑' 두 자
꿀벌은 천 년째
'닝닝' 두 자

시,
자명한 것에는
주석 달지 않는 것

해설

전쟁광놀이굿

김양헌 • 문학평론가

하찮아 보이는 일상에서 번뜩이는 깨달음을 건져 올리는 시인

신광철 • 시인, 소설가

전쟁광놀이굿

김양헌 • 문학평론가

　전쟁광 보호구역이 하나 있었으면 좋겠다
　하루 종일 전쟁놀음에 미쳐 진흙으로 대포를 만들고
　도토리로 대포알을 만드는 전쟁광들이 사는 마을
　줄줄이 새끼줄에 묶인 흙인형 포로들을
　자동콩소총으로 쏘아 진흙밭에 빠트리면 무참히 녹아 사라지고
　다시 그 흙으로 빚은 전투기들이
　우타타타 해바라기씨 폭탄을 투하하고
　민들레, 박주가리 낙하산 부대를 침투시키면 온 마을이
　어쩔 수 없이 노랗게 꽃 피는 전쟁터
　논두렁 밭두렁마다 줄맞춰 매설한 콩깍지 지뢰들이 픽픽 터지고
　철모르는 아이들이 콩알을 줍다가 미끄러지는 곳
　아서라, 맨발로 달려간 할미꽃들이 백기를 들면
　흐뭇한 얼굴로 흙전차를 타고 시가행진을 하는

무서운 전쟁광들이 서너 너댓 명 사는,

작은 전쟁광 보호구역이 하나쯤 있었으면 좋겠다

— 〈전쟁광 보호구역〉 전문

 여드레가 넘도록 하염없이 비가 내리고 있다. 책꽂이 쪽으로 비가 새는 줄도 모르고 하늘만 쳐다보다가, 잡지 십여 권과 단행본 두어 권을 폭삭 젖게 하였다. 몇 년 전에 사서 아직 펴보지도 않은 《〈아방가르드의 다섯 노총각들〉》은 물을 얼마나 흠뻑 빨아먹었는지 들자말자 닭똥 같은 눈물을 주루루 흘렸다. 내가 제목만 보고서도 늘 흐뭇해 한 것을 저도 알고나 있었던 것처럼. 아방가르드의 노총각이 다섯이나 들어앉은 책이니 무슨 귀기鬼氣라도 숨어 있을 터라, 그 동안의 내 마음을 쉽게 눈치챘는지도 모를 일이다. 마르셀 뒤샹, 존 케이지, 장 팅글리, 로버트 라우센버그, 머스 커닝햄, 이들이야말로 20세기 예술사의 큰무당들이니, 그 책엔들 어찌 무기巫氣가 서리지 않을 수 있겠는가.

 하염없이 비가 내리고 더그매에 물이 차고 천장이 새는 동안, 반칠환 시인의 〈전쟁광 보호구역〉을 만났는데, 그 전쟁놀음이 참으로 신명이 났다. 전쟁도 이렇게 신이 날 때가 있구나. "전쟁터마다 꽃이 피고 새가 날며

풍년이 드는 이상한 전쟁"(시작 메모)이라니! 미국의 바그다드 공습 생중계를 밤새워 지켜보고 9.11테러의 여객기 돌진 장면을 스물두어 번은 보았을 텐데, 그게 매양 남의 일만은 아니라 볼 때마다 가슴이 답답하고 한숨이 저절로 새어나온다. 아프가니스탄 침공과 빈라덴의 은신에 이어 살상과 피난, 오폭과 질병 소식이 전세계를 전쟁의 공포로 몰아넣는, 선진문명은 고사하고 독한 야만이 국가이익과 세계평화라는 허울을 덮어쓰고 전쟁광을 키우는, 이 미친 가속의 시대에 "전쟁광 보호구역"을 꿈꾸는 것은 너무 성급하지나 않을까?

하지만 시인은 늘 극한 상황에서 전혀 다른 세계를 꿈꾸는 자이다. "세상 모든 곳에서 전쟁이 사라"(시작 메모)지고 할 일이 없어 미쳐가는 전쟁광들을 보호하는 특별구역 설정이 지금으로서는 전혀 실현 가능성이 없다 하더라도, 그런 상상은 또다른 신명을 불러오고 현실을 새롭게 인식하도록 만든다. 세상의 유수한 전쟁광들이 모두 모였으니 그곳에서는 전쟁이 일상사. 전쟁을 하지 않으면 살아갈 수 없는, 모든 것을 전쟁과 연관지어 생각하는 미치광이들이니 다른 일이야 무엇이 중요할까. 그러나, 이 전쟁은 지금까지 전쟁과는 전혀 다른 양상이 되리라. 살상을 일삼는 모든 전쟁이 세상에서 사라진 뒤라, 상징으로 삶의 매듭을 풀어내는 의사전쟁擬似戰爭만이 가능할 터. 실제 전쟁이 불가능한 상황에서 전쟁을 일으키려는 욕망을 숙지게 하고 맺힌 한을 푸는 데 전쟁놀이만한 것이 또 있겠는가.

"무서운 전쟁광들이 서너 너댓 명" 모여서 "하루 종일 전쟁놀음에 미쳐 진흙으로 대포를 만들고", 풀무치와 방아깨비 뛰어다니는 풀밭으로 "민들레, 박주가리 낙하산 부대를 침투시키"고, 콩서리 치솟는 연기 속에 "콩깍지 지뢰들이 픽픽 터지고", 두두두두두 입으로 내는 기관총 소리 요란할 제 하루 해가 저무는 "전쟁광 보호구역". 이런 놀이는 바로 의사주술擬似呪術이며 굿이고, 일상의 막힌 액을 뚫어주는 신명일 터. 언월도 든 관우 무당 적토마 몰아가듯, 장군칼 높이 든 최영 장군 악귀를 물리치듯, 넥타이 맨 부시가 "흙으로 빚은 전투기" 타고 "우타타타 해바라기 씨 폭탄을 투하하고", "흙 전차 타고 시가행진을" 하며 후세인이 콧수염을 휘날린다면, 이런 전쟁이라면 얼마나 신이 날까. 그야말로 한바탕 굿이 아니고 무엇이랴.

마침 구미문화예술촌에서 굿판이 열릴 예정이라 독촉을 받으면서도 글쓰기를 미루었는데, 도무지 비가 그치지 않아 몇 며칠을 안절부절. 결국 당일까지 비가 내려 관객은 겨우 20여 명에 불과했지만, 국립민속박물관 학예연구관 양종승 박사는 약속을 어기지 않고 황해도 무당 일곱, 박수 한 분과 함께 먼 길을 달려왔다. 임시 신당에 제물이 올라가고, 상장구 자리잡고 큰무당 신복 차려 화관 쓰니 만세받이 장단으로 초감흥거리 시작된다. 징소리 요란하고 아흔아홉 상쇠방울 쩔렁쩔렁, 온갖 신령 불러들여 오방깃발 펄럭인다. 촛불이 밝아오고 향내음 그윽할 제, 너도 나도 신당에 나가 큰절을 올린다. 천지신명 일월성신 온갖 신령 장군님네, 임오년 모월 모일 금오산 아래 모인 이네분들, 명을 얻고 복을 받게 도와주시옵셔-, 되는 대로 빌어도 재금소리 창창하게 굿판에 흥이 인다.

초감흥거리는 만구대택굿에서 굿을 시작하는 거리로, 모셔올 모든 신령들을 불러들이는 대목이다. 무속의 신은 360분이 넘을 정도로 많다 하여 만신萬身이라고 하는데, 신령이 맡은 구실이 각각 다르다 보니 이렇게 많아도 서로 충돌하는 문제가 없는 모양이다. 여러 지역의 무당들 중에 특히 황해도 만신들은 장군 신령들을 많이 봉신하기 때문에 '장군발이 세다'는 말이 생겨났다고 한다. 무속에서도 역시 전쟁을 잘하는 힘센 장군신이 효험이 큰 모양이다. 악귀를 이기려면 아무래도

강한 힘과 무기가 필요할 터. 그래서 무당은 온갖 귀물과 칼, 삼지창, 원색의 옷가지 들을 준비하여 몸에 드신 신령의 영험한 힘을 드러낸다.

그러나, 무속에서는 적대자를 죽여서 완전히 없애버리는 일이 거의 없다. 악귀는 죽는 것이 아니라 쫓겨난다. 때로는, 떠도는 원혼 / 귀신을 마땅히 가야 할 곳으로 보내주기도 한다(전쟁이 없는 세계에서는 살 수 없는 전쟁광들을 보호구역에서라도 살아가게 하듯). 의상의 색과 형태, 여러 가지 악기 소리와 사설, 깃발과 귀물 들의 상징성이 악귀를 내쫓고 복을 불러들인다. 악귀는 집에서 쫓겨나고 공동체에서 물러나 다른 곳으로 떠나간다. 악귀가 어디로 갔는지는 중요하지 않다. 지금 이곳에서 악귀가 사라졌다는 사실이 중요할 뿐이다. 이것은 무속이 현실을 매우 중시한다는 의미이며, 굿이 부정한 현실을 극복하고 새로운 현실을 잉태하는 의식임을 보여준다. 굿의 세계는 다른 시공간으로 이동하지 않는다. 오히려 신이 현실로 내려와 무당의 몸을 빌어 현실에 개입하는 형태로 진행된다. 신은 신나게 한바탕 놀고 간다. 무당이 신을 청하여 잘 놀게 하고 떠나보내는 과정이 굿의 기본 형식이다. 잘 노는 것, 그 놀이의 신명이 현실에서 이루어지도록 온몸으로 비는 것, 그럼으로써 실재하는 재액을 물리치고 현실에서 뒤집어엎는 것, 이것이 굿의 핵심이다. 굿을 통해 인간은 현실에서 곧바로 그 현실을 껴안고 새롭게 태어난다. 따라서 굿은 신생의 이미지를 근간으로 삼는다.

〈전쟁광 보호구역〉의 의사전쟁도 이와 같은 굿의 이미지를 바탕에 깔고 있다. 시공간의 이동이 숨어 있다는 차이가 있지만, 그것이 저승 / 피안 / 극락 / 천당으로 승천하는 초월이 아니라 '있는 현실'을 부수고 '있어야 할 세계'를 새롭게 세우는 일이니 신생의 본질에서 거의 벗어나지 않는다. 신생의 이미지는 여러 가지 씨앗으로써 구체성을 얻는다. 씨앗은 신생의 열쇠를 품고 미래의 풍요를 약속하는 낡은 상징을 그대로 껴안고 있지만, 전쟁과 결합하면서 독특한 아이러니를 만든다. 이 작품에서 전쟁은 살상 / 파괴가 아니라 씨앗을 널리 퍼트림으로써 풍요를 안겨주는 역설의 긍정성을 북돋우는 구실을 맡는다. 도토리, 콩, 해바라기 씨가 총알이나 폭탄으로 쓰이고, 민들레와 박주가리 씨앗이 낙하산 부대로 등장한다. 할미꽃이 백기를 들었다는 것도 수분을 마치고 씨를 맺었다는 뜻. 이 모든 씨앗들이 전쟁놀이 덕분에 여기저기 흩어져 풍성한 생산을 예비한다.

한편, 폭탄이나 총알을 발사하는 무기는 모두 흙으로 만든다. 진흙대포, 흙전투기, 흙전차……, 심지어 포로들도 흙인형이다. 흙은 모든 존재가 뿌리박고 터를 잡아 사는 생명의 근원지. 그러므로, 무기는 생명성을 상징하는 역설을 띤다. "흙인형 포로들을 / 자동콩소총으로 쏘아 진흙밭에 빠트리면" 어떻게 되겠는가? 당연히 거기서 콩이 싹을 틔울 터. 씨앗이 전통으로 이어온 재생 / 생산성의 이미지를 의사전쟁이라는 방법으로 강조하는 셈이다. 그러니, 이 전쟁광놀이굿의 핵심은 현대문명의 광물성을 생명의 근원인 식물성으로 되돌려 놓는 일이다. 생명이 살 수 없는 차갑고 냉혹한 이미지를 지닌 쇠를, 생명을 잉태하고 보호하는 대지모신의 이미지 흙으로 바꿔놓는 이 굿은 바로 반생명성의 물질문명을 극복하고 생명성의 공동체문화를 회복하자는 의미를 담고 있다.

이런 놀이굿을 가능케 하는 동력은 동화 같은 상상력이다. 현실에서는 흙으로 대포를 만드는 일이 불가능하다. 흙으로 빚은 전투기는 결코 날지 못한다. 그런 어리석은 짓을 할 어른은 아무도 없다. 그러나 동화의 상상력은 그것을 가능하게 한다. 어린이의, 어린애 같은 순수한 마음은 모든 현실과 비현실을 놀이로 만드는 능

력이 있기 때문이다. 동화의 상상력은 반칠환 시인이 몸으로 체득한 특성이다. 그의 몸 속에는 아직도 수십 년 전 유년 시절의 아이가 살아 있는 것 같다. 〈〈뜰채로 죽은 별을 건지는 사랑〉〉 제1부를 보면 어린 시절의 경험이 얼마나 섬세하고 깊게 몸에 배었는지 잘 알 수 있다. 첫 시집 제1부에서 시인은 감미롭고 고통스러운 유년을 정치한 언어와 세세한 정황으로 묘사하였다. 제2부는 문명비판의 칼날 위로 흘러갔지만, 그 둘의 이면을 떠받치는 사상은 근본이 다르지 않다.

〈전쟁광 보호구역〉은 그 둘을 합해 놓은 듯하다. 하지만 양자가 합해짐으로써 솟아나는 힘의 크기와 미묘함은 첫 시집을 말하는 방식으로는 설명하기 어렵다. 겉보기에는 단순한 것 같고 쉽게 의미를 감지할 수 있지만, 막상 덤벼들어 왜 이러한 효과가 나오는지, 어떻게 현실의 불안감을 동화의 상상력으로 상쇄하는지 말하기는 쉽지 않다. 현실을 담고 있지만 풍자와 비판만은 아니며, 유년을 끌어오지만 과거로 흘러가지는 않는다. 의미상으로는 마땅히 광물성을 배제하지만, 무기는 엄연히 존재하는 실체로서 이상형의 식물성과 뒤얽히며 시의 의미망을 구축하는 중요한 요소로 작용한다. 식물성과 광물성 명사들의 대립, 작은 씨앗과 커다란 무기가 빚어내는 이미지의 상처, 전쟁의 승리와 그 결과의 이율배반성, 부정성을 띤 동사 / 부사가 만들어내는 역동성과 그 때문에 우스꽝스럽게 추락하는 주체, 강력하게 투영되는 현실의 무게와 동화 같은 가벼움 사이의 밀고당김, 이런 여러 가지 요인들이 복잡하게 뒤얽혀 이루어진 천진난만한 신명의 리듬을 다시 수미상관의 안정성으로 감싸안는 복잡한 구조.

그 어느 한 요인을 중심에 두고 말하기 어려운 전체성이 오히려 이 작품을 단순하고 선명하게 읽도록 만드는 것은 아닌지. 그러니 이것을 뭉뚱그려 굿의 형식으로 읽으려는 시도를 지나친 억지라고 나무랄 수만은 없으리라. 글로 쓰였다고 글로써 모든 걸 해결할 수 있는 것도 아니고, 노래하고 읊는다고 신명이 다 풀리는 것도 아니다. 더구나, 저 옛날 옛적에는 신명이 실렸던 말도 지금 와서는 속화하고 오염되어 같은 말도 서로 다르게 듣고 주술성도 거의 힘을 잃어버렸으니, 정신의 문을 열고 온몸을 두드리는 해타咳唾를 자주 만날 수 없을지라, 가끔 굿의 신명에 가까이 다가간 작품을 만나면 온몸으로 받아내는 게 가장 좋은 방법 아니겠는가.

그날 밤, 칠성전에 명을 빌고 제석전에 복을 받아, 연풍대를 돌고돌아 칠성거리 끝났을 때, 무감서기 시작

되자 너나없이 굿판으로 뛰어나가, 혹자或者는 신복 하나 걸치고, 혹자는 상쇠방울 흔들며, 혹자는 오방기 펄럭이고, 혹자는 떡시루 짊어지며, 또 어떤 이들은 빈손으로나마 별별 이름도 없는 춤으로 난장판을 이루었으니, 이것이 곧 "말로써 부족하여 감탄하고 탄식하며, 감탄으로 부족하여 노래부르고 읊조리며, 노래로도 부족하니 손이 춤추고 발이 뛰는 것을 알지 못한다"(子夏, 〈〈詩經〉〉 序)함이 아니고 무엇이랴. 시로서도 시의 마음을 다 드러낼 수 없으니, 오호라, 말의 참람함이여!

하찮아 보이는 일상에서 번뜩이는
깨달음을 건져 올리는 시인

신광철 • 시인, 소설가

 한심하고 무능한 측량사였다고 전한다 아무도 저이로부터 뚜렷한 수치를 얻어 안심하고 말뚝을 쾅쾅 박거나, 울타리를 치거나, 경지정리를 해 본 적이 없다고 말한다 딴에는 무던히 애를 썼다고도 한다 뛰어도 한 자, 걸어도 한 자, 슬퍼도 한 자, 기뻐도 한 자가 되기 위해 평생 걸음의 간격을 흐트러트리지 않았다고 한다 그러나 저이의 줄자엔 눈금조차 없었다고 한다
 따뜻하고 유능한 측량사였다고도 전한다 저이가 지나가면 나무뿌리는 제가 닿지 못 하는 꽃망울까지의 거리를 알게 되고, 삭정이는 까맣게 잊었던 새순까지의 거리를 기억해 냈다고 한다 저이는 너와 그가 닿지 못 하는 거리를 재려 했다고 한다 재면 잴수록 거리가 사라지는 이상한 측량을 했다고 한다 나무밑둥에서 우듬지까지, 꽃에서 열매까지 모두가 같아졌다고 한다 새들이 앉았던 나뭇가지의 온

기를, 이파리 떨어진 상처의 진물을 온 나무가 느끼게 되었다고 한다 저이의 줄자엔 눈금조차 없었다고 한다

저이가 재고 간 것은 제가 이륙할 열 뼘 생애였는지도 모른다고 한다 늘그막엔 몇 개의 눈금이 주름처럼 생겨났다고도 한다 저이의 꿈은 고단한 측량이 끝나고 잠시 땅의 감옥에 들었다가, 화려한 별박이자나방으로 날아오르는 것이었다고 한다 별과 별 사이를 재고 또 재어 거리를 지울 것이었다고 전한다

키요롯 키요롯— 느닷없이 날아온 노랑지빠귀가 저 측량사를 꿀꺽 삼켰다 한다 저이는 이제 지빠귀의 온몸을 감도는 핏줄을 잴 것이라 한다 다 재고 나면 지빠귀의 목울대를 박차고 나가 앞산에 가닿는 메아리를 잴 것이라 한다 아득한 절벽까지 지빠귀의 체온을 전할 것이라고 한다

— 〈자벌레〉 전문

'새는 노래하는 의미도 모르면서 노래를 한다'는 송창식이라는 가수의 노래가 있습니다. 노래하는 의미도 모르면서 지저귀는 것이 노래가 되는 경지는 높은 경지지요. 다시 말하면 살아가는 일이 그대로 깨달음의 경지에서 이루어지는 행동인 게지요. 성인의 경지를 말하고 있습니다. 내가 살아 있음이 고스란히 기쁨

이 된다면 성공한 삶이겠지요. 적어도 내가 살아 있음이 누군가에게 따뜻한 기쁨이 된다면 그것만으로도 황송스럽지요. 내가 이 세상에 살아 있는 것이 이 지구의 한 부분을 따뜻하게 하는 일이라면 그래도 살만하지요. 내가 가을날 떨어진 마당을 쓸면서 이 지구의 한 모퉁이가 나의 작은 정성으로 깨끗해졌다고 생각하면 향기로운 일이지요.

 삶은 그래야 합니다. 삶은 향기로워야 하고 아름다워야 하는 것입니다. 내가 노력한 일로 지구라는 공동체에서 사는 생명들이 아름다워져야 하는 것입니다. 반칠환 시인의 〈자벌레〉라는 시에서는 살아가는 것, 그 자체가 세상을 재는 자가 되는 자벌레를 통해서 많은 것을 이야기하고 있습니다.

 '한심하고 무능한 측량사였다고 전한다'고 시작하는 〈자벌레〉라는 시에는 동화가 한 편 들어 있습니다. 자벌레의 인생과 자벌레의 정체성이 보입니다. 자벌레가 살아가야 할 이유가 있습니다. 그 이유가 소록소록 사람을 일깨워 주고 있습니다. 반칠환 시인은 설득하려 하지 않고 있는 현상 그대로를 말하고 있는 것으로 족하다고 생각하나 봅니다. 그러면서 커다란 울림 하나를 던집니다. 말로 말하지 않고 깨달음을 일깨우는 성자의 모습을 그리고 있습니다. 이 시에는 동화적인 요소가 내면에 자리 잡고 있습니다.

> 뛰어도 한 자, 걸어도 한 자, 슬퍼도 한 자, 기뻐도 한 자가 되기 위해 평생 걸음의 간격을 흐트러트리지 않았다

자벌레는 생을 일구어가는 일이 세상을 재는 일이었습니다. 자신의 가치로 재는지, 측량을 위한 길이의 단위로 재는지에 대해서는 정확한 답을 피하고 있습니다. '뛰어도 한 자, 걸어도 한 자, 슬퍼도 한 자, 기뻐도 한 자'라는 서술이 그러함을 뒷받침하고 있습니다. 그럼에도 '평생 걸음의 간격을 흐트러트리지 않았다'는 부분에서 깨달음이 보이는 게지요. 자벌레는 도인의 경지에 이르렀습니다. 생로병사가 흐트러짐 없이 한 자였던 게지요. 그럼에도 길이의 단위로서 한 자인지, 깨달음의 경지로서 한 자인지는 정확히 모릅니다. 이러한 모호함은 이 시가 가진 동화적인 상상력을 발휘하게 하기 위한 장치인지도 모릅니다.

반칠환 시인의 시에서는 깨달음에 대해 관심이 있는 것이 보입니다. 이 시 말고도 다른 시에서 그러한 자질이 보이거든요. 특히 〈한평생〉이라는 시에서 번뜩이

는 깨달음에 대한 강인한 느낌이 이 시에서도 느껴지지요.

한심하고 무능한 측량사였다고 전한다
따뜻하고 유능한 측량사였다고도 전한다

— 〈자벌레〉 부분

자벌레라는 측량사에 대한 반칠환 시인의 정의지요. '전한다'는 말에서 자신의 정의는 슬쩍 피해가고 있습니다. 이곳에서 시인이 정의를 내린다는 것은 그리 유쾌한 발상은 아닌듯합니다. 시가 경직될 수도 있고, 전한다는 말이 곧 시인의 정의인데 굳이 상상력의 보폭을 줄일 필요가 없지요. '한심하고 무능한' 측량사는 다시 '따뜻하고 유능한' 측량사가 되고 있습니다. 한심하면서 따뜻할 수는 있지만 무능하면서 유능할 수는 없거든요. 반칠환 시인의 실수였는지 의도적인지는 모르겠습니다. 시에서 이러한 부분의 어긋남이 그리 중요하지 않지요. 논문을 쓰고 있는 것이 아닌 무한한 상상력을 발휘하고, 어긋남이 자연스럽게 녹아들고 받아들여지는 공간이 문학이거든요. 그리고 이 시는 동화적인 상상력을 발휘하게 하는 시이기 때문에 그냥 슬쩍 넘어가도 될 듯합니다.

그리고 '한심하고 무능하다거나 따뜻하고 유능한' 측량사라는 표현은 '저이의 줄자엔 눈금조차 없었다고 한다'고 하는 깊은 경지를 이야기하기 위한 일상성을 끌어오는 것이기 때문에 무난하게 받아들여집니다.

자벌레가 잰 것은 이 세상의 많고 적음을 잰 것이 아닙니다. 이 세상의 짧고 긴 것을 잰 것이 아닙니다. 그러한 것들에는 관심이 없어 보입니다. 상상력을 재고 다닌 게지요. 꿈의 길이를 재고 다닌 것이지요. 문학은 그러한 데서 사람을 행복하게 하거든요. 꿈을 꾸는 만큼 세상은 넓어지고 아름다워지지요. 반칠환 시인이 재고 싶어 한 것은 생명이 가슴의 안뜰에 숨기고 있는 것들이지요. 기쁨이란 보물이거든요. 그리고 우리가 즐거워하는 것들이지요. 한 번 볼까요.

나무뿌리는 제가 닿지 못 하는 꽃망울까지의 거리를 알게 되고, 삭정이는 까맣게 잊었던 새순까지의 거리를 기억해 냈다고 한다 저이는 너와 그가 닿지 못 하는 거리를 재려 했다고 한다 재면 잴수록 거리가 사라지는 이상한 측량을 했다고 한다 나무 밑둥에서 우듬지까지, 꽃에서 열매까지 모두가 같아졌다고 한다 새들이 앉았던 나뭇가

지의 온기를 이파리 떨어진 상처의 진물을 온 나무가 느
끼게 되었다고 한다

—〈자벌레〉부분

 문학의 특질 중 가장 빛나는 부분이 어려운 말로 하
면 '인간성 옹호'라고 저는 믿습니다. 그 인간성 옹호라
는 말에는 사람의 존재가 아름다워져야 가능하거든요.
본질을 캐는 것이 아름다움이 아니지요. 사람을 해부
해서 아름다워질 수 없습니다. 식물을 해부해서 아름
다워질 수 없습니다. 가진 것을 그대로 보듬어 안는 것
이 진정 아름다움이지요. 서로 끌어안았을 때 따뜻함
을 느끼라고 사람의 피는 온혈이지요. 이 온혈에는 배
려와 이해해 주는 마음이 먼저여야 하거든요. '재면 잴
수록 거리가 사라지는 이상한 측량'은 보이지 않은 것
들을 쟀기 때문이지요. 그렇기 때문에 '나무 밑둥에서
우듬지까지, 꽃에서 열매까지 모두가 같아졌다'고 하
는 것이지요. 그리고 '새들이 앉았던 나뭇가지의 온기
를 이파리 떨어진 상처의 진물을 온 나무가 느끼게 되
었다'고 하는 게지요. 온기라는 기쁨도 이파리 떨어진
상처라는 아픔도 같이 느끼게 되었다고 하는 것입니
다.

자벌레의 소망은 한 발 더 나아가고 있습니다.

 저이가 재고 간 것은 제가 이룩할 열 뼘 생애였는지도 모른다고 한다 늘그막엔 몇 개의 눈금이 주름처럼 생겨났다고도 한다 저이의 꿈은 고단한 측량이 끝나고 잠시 땅의 감옥에 들었다가, 화려한 별박이자나방으로 날아오르는 것이었다고 한다 별과 별 사이를 재고 또 재어 거리를 지울 것이었다고 전한다

 자벌레의 소망은 참 아름다웠습니다. 자벌레 자신의 생애는 힘이 들었을지 몰라도 자벌레의 꿈은 아름다웠습니다. '고단한 측량이 끝나고 잠시 땅의 감옥에 들었다가, 화려한 별박이자나방으로 날아오르는 것'이었기 때문에 아름다웠습니다. 그리하여 종국에는 '별과 별 사이를 재고 또 재어 거리를 지울 것'이었기 때문에 아름다울 수밖에 없습니다. 반칠환 시인은 무지개를 따러 간 소년이었나 봅니다. 아직도 따지 못 하고 있는 것이 확실합니다. 아직도 무지개는 뜨고 있으니까요. 시인이 꿈을 꾸는 것이 죄가 된다면 죄인이 아닌 시인은 없을 것입니다. 나이 들어도 철들지 않는 어른이 시인이지요. 그 철들지 않은 어른, 시인의 글을 읽는 철든 사람들은 시를 재미없다고 합니다. 시는 철들지 않은

아이나 철들지 않은 어른들이 좋아하는 이유가 거기에 있습니다.

상상력은 철든 사람에게 있어서는 허무맹랑한 이야기거든요. 지상의 기쁨을 재력과 권력의 유무에서 찾으려는 어른에게서 하늘을 나는 새가 기쁨이기에는 하늘을 바라볼 여유가 없습니다. 지상에 핀 꽃을 바라보기에는 할 일이 너무 많습니다. 중요한 일은 모두 돈과 관계되는 일들이거든요. 꽃이 핀 것은 늘 있어온 것들이기 때문에 중요하지 않다는군요. 새들이 군무를 즐기는 것을 바라보는 일은 시간을 낭비하는 일이라는 거지요. 사는 이유가 어디에 있는가를 생각하기보다 돈을 벌 수 있는 일이 무엇인가에 관심이 있습니다. 그러한 사람을 어른들은 철이 들었다고 합니다.

이제 상상력은 더 나아갑니다. 진짜로 허무맹랑한 단계에까지 갑니다. 반칠환 시인은 철들지 않았음이 확실합니다. 그러기에 시를 쓰는 것이겠지요.

> 키요롯 키요롯— 느닷없이 날아온 노랑지빠귀가 저 측량사를 꿀꺽 삼켰다 한다 저이는 이제 지빠귀의 온몸을 감도는 핏줄을 잴 것이라 한다 다 재고 나면 지빠귀의 목울대를 박차고 나가 산에 가 닿는 메아리를 잴 것이라 한다 아득한 절벽까지 지빠귀의 체온을 전할 것이라 한다

'키요롯 키요롯' 노랑지빠귀가 날아온다는 표현이 재미있습니다. 의태어가 주는 맛이 별납니다. 우리 모국어에는 단어가 만들어지면 묘하게도 그 안에 소리가 숨어 있습니다. 반면 의태어는 단어 그 바깥에 소리를 입습니다. 한번 아무런 선입감 없이 느껴보세요, '키요롯 키요롯'이라는 단어에는 어떤 소리가 숨어 있고, 어떤 모양새가 숨어 있는가를.

시적 상상력이란 것은 어떻게 보면 우습지요. 자벌레를 새 한 마리가 날아와 먹이로 먹어버렸습니다. 그런데도 자벌레의 꿈은 아직도 유효합니다. 그렇기에 시인은 '것이라 한다'는 추측으로 자벌레의 상황을 이야기하고 있는 것입니다. 소화가 다 된 그 자벌레는 자신을 먹어버린 새, '지빠귀의 온몸을 감도는 핏줄을 잴' 것이라고 합니다. 다 재고 나면 '지빠귀의 목울대를 박차고 나가 산에 가 닿는 메아리를 잴 것이라 한다 아득한 절벽까지 지빠귀의 체온을 전할 것이라 한다'고 합니다. 이 허무맹랑한 이야기를 시인의 입을 통해서 들으면서 감동한 사람은 분명 아직도 철들지 않은 사람임에 틀림없습니다. 그리고 중요한 사실 하나를 말해드리지요. 이 말을 시인에게 하면 제가 야단맞습니다.

이러한 유언비어를 퍼뜨리고 사는 사람은 한결같이 가난하고 생활능력이 떨어지니 사귀지 말라는 것입니다. 이런 사람과 결혼까지 하면 화려함이나 호강하고는 동떨어져 살아야 하거든요. 고급 옷이나 고급 자가용을 타기는 영 그른 이야기가 되지요. 철들지 않은 어른이라면 상관없습니다. 같이 철이 들지 않아 소년소녀처럼 살 수 있으니 살만 하겠지요. 인생을 소꿉장난하듯 살 수 있으니 말입니다. 그렇지만 철들은 사람들은 절대로 기피해야 할 사람이 시인이지요.

반칠환 시인은 1992년 〈동아일보〉 신춘문예로 등단했습니다. 〈동아일보〉의 심사평에서,

> 세속에 대한 따뜻한 긍정과 함께 결국은 가야 할 초월적 세계에 대한 소박한 두려움이 있다. 이 시는 시 전체가 소박하다. 지나칠 정도로 단순해 보이기도 하고, 보기에 따라서는 어리숙한 것도 사실이다. 그러나 놀라운 달관과 예리한 감수성이 잠복해 있다.

는 평을 받았습니다. 충북 청주 출생으로 시집으로 《〈뜰채로 죽은 별을 건지는 사랑〉》 《〈웃음의 힘〉》 등이 있습니다. 동화집 《〈하늘 궁전의 비밀〉》 그리고 시선집 《〈누나야〉》 《〈내게 가장 가까운 신, 당신〉》이 있습니다. 〈자벌레〉라는 시에서 시적 상상력이 동화적인 유형을 가진 것이 동화집의 발간으로 확인되고 있습니다.

한 편의 시를 더 볼까요. 느낌이 아주 유사합니다. 신춘문예 등단 평에서 볼 수 있는 자질이 그대로 드러난 시지요. 〈자벌레〉하고도 아주 유사하고요. '세속에 대한 따뜻한 긍정과 함께 결국은 가야 할 초월적 세계에 대한 소박한 두려움이 있다'는 평과 함께 '놀라운 달관과 예리한 감수성이 잠복해 있다'는 말에 적극 공감이 가는 시입니다.

요 앞, 시궁창에서 오전에 부화한 하루살이는, 점심때 사춘기를 지나고, 오후에 짝을 만나, 저녁에 결혼했으며, 자정에 새끼를 쳤고, 새벽이 오자 천천히 해진 날개를 접으며 외쳤다. 춤추며 왔다가 춤추며 가노라.

미루나무 밑에서 날개를 얻어 칠일을 산 늙은 매미가 말했다. 득음도 있었고 지음이 있었다. 꼬박 이레 동안 노래를 불렀으나 한 번도 나뭇잎들이 박수를 아낀 적은 없었다.

칠십을 산 노인이 중얼거렸다. 춤출 일 있으면 내일로 미뤄 두고, 노래할 일 있으면 모레로 미뤄 두고, 모든 좋은 일은 좋은 날 오면 하마고 미뤘더니 가쁜 숨만 남았구나.

그 즈음 어느 바닷가에선 천 년을 산 거북이가 느릿느릿

천 년째 걸어가고 있었다.

모두 한평생이다.
— 〈한평생 — 속도에 대한 명상 12〉

요즘 시에서 보기 드문 덕목을 가진 시입니다. 반칠환 시인의 시집 《〈뜰채로 죽은 별을 건지는 사랑〉》에 실린 시인데 부제가 붙어 있습니다. '속도에 관한 명상 12'라고요. 세상의 속도에 대한 경박성에 넌지시 말 한 마디를 던지고 싶었나 봅니다. 반칠환 시인은 〈자벌레〉와 〈한평생〉에서 모두 같음에 대해 말하고 있습니다. 깨달음이라는 게 동격이라는 것을 먼저 알아야 이를 수 있는 것이라는 것을 말하고 싶었나 봅니다. '뛰어도 한 자, 걸어도 한 자, 슬퍼도 한 자, 기뻐도 한 자'인 자벌레의 세상 재기나 하루살이, 매미, 칠십 산 노인 그리고 천 년을 산 거북이가 산다는 것에는 별다르지 않음을 말하고 있습니다. 그러면서도 산 세월과는 상관없이 '살았다'는 그 귀중한 사실에 무게를 두고 있습니다. 반칠환 시인은 '춤추며 왔다가 춤추며 가노라'는 하루살이의 삶보다는 '득음도 있었고 지음이 있었다'는 매미에 대해서 더 시선을 오래 두고 있음을 확인하게 됩니다. 그리고 행복을 미루는 칠십을 산 노인보다는 오히려 행복은 누려야 할 가치임을 은근히 말하고 싶어 하는 것을 누구나 눈치 챌 수 있도록 했습니다.

가볍고 난해한 것이 주류인 요즘 세상의 시에서 한 발 물러선 시지요. 이 시에서도 〈자벌레〉와 마찬가지로 이야기가 보입니다. 그래서 읽는 기분도 가볍고 느낌도 받아들이는데 어려움이 없습니다. 아주 편안합니다. 한 번 읽으면 다 느낄 수 있습니다. 한 편의 이야기가 고스란히 담겨 있는 것을 보게 됩니다. 선사나 도인이 제자를 앞혀 놓고 이야기하고 있는 광경이 떠오릅니다. 그만큼 넉넉한 풍경과 받아들임이 따뜻한 시지요.

산이 하나 마음에 있으니 이미 산은 마음에 들인 주인의 소유지요. 그러한 관조와 깨달음 하나 온전하게 그려 놓았습니다. 시로 그린 풍경이 참 넉넉합니다. 한 편의 동화 같은 모습이 그려지기도 하고, 선지식 하나 내려놓은 마음이 보이기도 합니다.

반칠환 시인은 불교적인 사유를 가진 사람임에 틀림없습니다. 종교로서 불교를 믿지 않을지는 몰라도 선적인 요소는 가지고 있는 시인입니다. 이야기를 시에 들인 반칠환 시인의 시는 만나는 순간 편하고 따뜻합니다. 그러면서도 내면이 깊고 넓은 시인입니다. 눈이 깊은 시인을, 사유의 세계가 넓은 시인을 이 시대에 만날 수 있다는 것은 행운입니다.
  시가 걸어가는 길이 5월의 들판을 맨발로 걸어가는 듯한 느낌을 줍니다. 있는 그대로만으로도 충분한 그런 느낌을 아시나요. 적당히 습기를 머금은 바람과 햇살의 풍요로움. 온도는 20도를 넘나드는 걷기에 적당한 봄길, 그 길을 걷는 기분이 들게 하는 시어들이 시를 만들고 있습니다. 꾸미지 않고 넘치지 않는 서정으로 행복한 산책길처럼 깨달음의 길로 안내하고 있습니다. 흐뭇한 웃음 하나 베어 물고 있으면 삶이 주는 선물이 행복이라는 것을 느끼게 됩니다.

반칠환

1964년 충북 청주에서 태어나 청남초등학교와 중앙대 문예창작학과를 졸업했다. 1992년 〈동아일보〉 신춘문예로 등단했으며, 2002년 서라벌문학상, 2004년 자랑스런 청남인상을 수상했다. 시집으로 《뜰채로 죽은 별을 건지는 사람》 《웃음의 힘》 《전쟁광 보호구역》이 있고, 시선집으로 《누나야》가 있다. 장편동화 《하늘궁전의 비밀》 《지킴이는 뭘 지키지?》, 시 해설집 《내게 가장 가까운 신, 당신》 《꽃술 지렛대》 《뉘도 모를 한때》, 인터뷰집 《책, 세상을 훔치다》 등이 있다.

반칠환 시집
전쟁광 보호구역

초　판　1쇄 발행 2012년 12월 11일
지은이　반칠환
펴낸이　반송림
편집디자인 김지호
펴낸곳　도서출판 지혜
　　　　계간 시전문지 애지
기획위원 반경환 이형권 황정산
주　　소 300-812 대전광역시 동구 삼성1동 273-6
전　　화 042-625-1140
팩　　스 042-627-1140

전자우편 ejisarang@hanmail.net
홈페이지 www.ejiweb.com

ISBN : 978-89-97386- 36-9　03810
값 10,000원

이 책의 판권은 지은이와 도서출판 지혜에 있습니다.
양측의 서면 동의 없는 무단 전제 및 복제를 금합니다.

* 이 시집은 서울문화재단의 지원을 받아 출간되었습니다.